ECRITS EN AMONT...

Lydia Montigny

ECRITS EN AMONT...

... jusqu'à l'Infini...

© 2017, Lydia Montigny

Editeur : BoD-Books on Demand
12/14 rond-point des Champs Elysées
75008 Paris – France
Impression : BoD-Books on Demand
Norderstedt – Allemagne
ISBN : 978-2-322-08155-4

Dépôt légal : août 2017

Au milieu de nulle part
Au centre de n'importe où
Se trace l'infini
Et le départ de tout…

SOURCE

Elle dort dans la terre
Origine de tout...
Son rire de cristal
En cascade, dévale
Entre mousses et roches...
Elle jaillit de la terre
Comme un cœur soudain fou
Que l'amour accroche
Aux rayons de lumière...
De l'aval à l'amont
Tes pas te guideront
A la source de ma prière...

IMPROVISER ...

C'est partir à l'aventure
D'une invention à l'état pur,
Se projeter dans le futur
Avec l'instinct qui te murmure
Que le chemin n'est pas obscur
Si la confiance en la nature
Est ta plus belle armure...
C'est refuser que la griffure
De la vie ne soit une torture
Mais la trace de la dorure
Que la sagesse épure...
Improviser... L'espoir est ta signature...

ORIGINES

D'où vient la pluie
Qui ruisselle par magie
Dans l'immense désert
Aux fleurs éphémères ?...

D'où vient le vent
Si froid ou si brûlant ?
« C'est la Terre qui soupire » !
Dit mon ami Zéphyr...

D'où vient le monde ?
Que quelqu'un me réponde
Avant qu'il ne se fonde
Dans la nuit furibonde...

D'où vient la vie ?
Elle est née quelque part...
Qu'importe... il se fait tard...
J'imagine Aujourd'hui
Comme origine de Demain...
Dis, d'où viens-tu ?
A la source du destin
Coule un flux certain
Identique et sans fin...
Dis-moi, à présent ... où vas-tu ?...

La force des vagues transforme les roches en galets…
La force des vagues transforme les galets en sable…
Ainsi va la Vie…

La vie nous transforme peu à peu,
Amoindrissant nos soucis au fur et à mesure pour ne nous laisser apprécier que l'essentiel…
… et certains se plaignent d'être dérangés par un grain de sable ?... Ironie !

…Soyons simplement heureux d'être debout et de pouvoir marcher sur cette plage…

… Là est l'essentiel !...

L'AVAL...

Excuse l'heure passée
Qui ne s'est pas arrêtée
A la gare aujourd'hui...
Demain arrive... tu peux attendre ici...

Excuse l'eau qui a coulé
Sous le pont des soupirs,
Sa source était l'avenir
Où je me suis baignée...

Excuse cette tendresse
Ces mots qui te caressent...
Où est donc la raison
De l'excuse, en amont ?...

C'est en se souvenant des pas faits Hier

Que l'on comprend

Ceux qu'il faudra faire Demain...

GLAÇON

Il fond...
Sous l'été, il fond...
Si doux, si rond,
Il glisse de ton front
A ton cou... Lent
Si lent, silence...
Quelle nonchalance,
Sans décadence,
Belle insouciance...

Il file glaçant
Un instant seulement
Sur ton corps brûlant,
Il roule doucement, et plonge
Dans ta main retournée
Et dans son creux, vient se lover...

Tu frissonnes et t'allonges
Sur le sofa si chaud
Si suave et si profond
Tu éponges ton songe,
Le soleil est si haut...
Ferme les yeux et plonge
Dans ce rêve où... nous glaçons...

...SAUVAGE...

Je voudrais rester ce petit animal sauvage pour le plaisir de te voir inventer mille et un stratagèmes pour m'apprivoiser...

... mais sache que je mourrais si tu devais m'abandonner...

L'ABSENCE

L'absence est ce vide,
Ces mots prononcés
Et par l'écho, oublié…
C'est ce geste placide
L'habitude égarée…
Tu es là et absent
Si présent au néant
Mais je veux croire encore
Que c'est parce que je dors…
Quand je m'éveillerai
Je te reverrai…

L'absence est ma rivale,
Et mon instinct animal
Cherche dans le silence
La trace de ta présence…
C'est un manque trop doux,
Un poison couleur or,
Une rivière dans les cailloux
Quand mon cœur bat si fort…

...SUR LE QUAI DE LA GARE...

A la gare... sur le quai
Le train va arriver...
Sur les rails glacés
Il va s'arrêter...
Personne ne l'a vue
Et pourtant, elle est là...
Le froid mord ses mains nues...
En « jamais » elle ne croit,
En « toujours » elle espère...
C'est le temps qui s'empare
De son heure à la gare...

Dans la rosée du matin
Dansent les lutins.
Ils tapent dans leurs mains
Pour chasser le chagrin...

Dans l'air chaud de midi
L'elfe tout ébloui
Fait s'évanouir les ennuis
Puis s'envole et sourit...

Dans l'air doux de la nuit
La fée pose sans bruit
Sur ta lèvre un baiser... et tu ris !...
Elle rougit... et s'enfuit...

MENDIANTE

Je voulais juste te demander
Sans vouloir te déranger
Comment la Terre peut tourner,
Et les oiseaux font pour voler ?...
Où va la mer, d'où vient la lune,
Et le soleil derrière les dunes ?...
Je voulais juste que ton regard
Ne me voit là, par hasard,
Au croisement d'une chanson
D'un typhon ou d'un tourbillon...
Je voulais juste, très humblement
Lire dans ta main... tes désirs...
Mais je suis riche de ton rire
C'est plus que l'or de cet instant...

Le liseur est un gourmand,

tandis que le lecteur est un gourmet…

Alors …. J'écris !....

Appuie sur le bouton !
File, la vidéo d'hier
Tel un flux de lumière
Ou de belles chansons
Mélodies…. au diapason…

Appuie sur le bouton…
Hiroshima se meurt
Sous les cendres et la peur
Ce n'est pas « autrefois »
Enola Gay… Pourquoi ?

Appuie sur le bouton !
I-phones, ordinateurs
Ne connaissent plus l'heure
Nulle part n'existe pas
Tu « déconnectes » parfois…

Appuie sur le bouton !
Le bouton de la chance
Codé dès la naissance !
Pas de « game over », non,
Quelle est la solution ?
Appuie sur le bouton !
Regarde !… la vie porte ton nom…

ETINCELLE

L'amour n'est pas un grand soleil
Ni une longue mélodie
Ni même un océan infini...
C'est une petite étincelle
Qui illumine au plus profond ton regard
Comme un astre immense et rare
Comme une note de musique
Subtile et philharmonique
Comme une goutte de ce ciel
Où je me noie et m'émerveille...

DOULEUR

A travers la douleur
Il y a la haine et la peur
Ce silence qui résiste
Tandis que l'âme existe
Par-dessus cette douleur
Il y a le cri du cœur
Et la force de l'amour
Qui le fait battre toujours...

CES PETIS RIENS

C'est quand on n'avait rien
Et qu'on croyait en tout
Que tous ces petits riens
Pour nous valaient beaucoup.

C'était un jouet cassé
Qu'on avait réparé,
Un ours fatigué
De rêves aventuriers...

C'était tous ces fou-rires
Qu'on ne pouvait pas fuir
Et nous faisaient pleurer
Le bonheur débordait.

C'était un vieux cahier
Si bien calligraphié
A la plume d'écolier
...Les pleins et les déliés...

C'était dans un tiroir
Des lettres disparues
Laissant des mots d'espoir
Gravés dans l'absolu

C'est quand on avait peu
Qu'on se sentait heureux
Et tous ces petits riens ?
...Notre trésor... dans nos mains...

QUI EST DANS LA RIVIERE ?

Le confiant, le joueur, se laissera descendre, emporté par le courant de la rivière.

Le craintif, celui qui manque d'assurance, fera demi-tour et rejoindra la terre ferme.

L'aventurier qui cherche à tout connaître, celui qui a confiance en lui, remontera le courant vers la source.

Le dominateur, le conquérant, traversera la rivière.

L'indécis, l'indifférent, restera là dans l'eau, passif.

Mais celui qui nage ?... Qui sera-t-il ?...

FIDJI

Tu étais là, devant moi,
Si léger et présent,
Si doux et insolent,
Si tendre et insouciant…
J'ai tendu la main,
Tu t'es laissé glisser
De ma nuque dorée
Jusqu'au creux de mes reins…
Sans aucune patience
Ni aucune décence
J'ai fondu dans tes sens
Tes essences d'encens,
Chipé cette élégance
Chyprée de ta fragrance…
Intemporellement
Coula la goutte de parfum…

La gentillesse

est un cadeau si délicat,
que c'est à peine si l'on ose qui lacer un ruban pour l'offrir...
de peur de le froisser un peu...

Pourquoi ne pas croire
Ce que l'on voit
Autant que ce qu'on ne voit pas ?
Parce qu'on ne l'a pas là,
Sous les yeux, cela n'existe pas ?
On ne peut pas être partout à la fois...
Mais peut-être aussi
Que rien, absolument rien,
N'est parfaitement vrai
Ni complètement faux ?
Peut-être que ces lignes là
Celles que tu lies, n'existent pas ?...
Mais qui le croira ?
C'est la valeur de la confiance
Et si tu me le dis, je te crois...

Les souvenirs s'accrochent à nos vies

comme des tableaux dans une galerie…

« Attention aux courants d'air », Monsieur Alzheimer !...

… Fermez les portes !...

VOIR…REGARDER…

On n'apprend pas à Voir, mais à Regarder…

On découvre la vision des choses, du monde, mais la réflexion nous permet de Regarder…
Regarder fait appel au sentiment, à l'imaginaire, à l'instinct, ce que Voir ignore.

Re-Regarder peut devenir une joie renouvelée ; Re-Voir n'incline pas à la tristesse par son « au Revoir », mais à l'attente de se voir à nouveau.
La notion de temps intervient dans ce Voir qui prend une fraction de seconde, et ce Regard qui peut durer une éternité…

Une idée à Re-Voir ?...

L'AVENTURE DE LA VIE…

J'aime l'aventure de la vie…
Elle fait rire, elle fait mal
C'est l'hiver et l'été fatal
Elle prévoit tout, je la prédis
Et elle voit tout, je n'ai rien dit…
La vie est là, petit Présent,
Sage et innocent,
Ou bien cruel et si troublant
Que le sommeil reste tout blanc…
Elle est ici ou là-bas
Là où tu m'emmèneras,
C'est un rêve inachevé
Je ne veux pas croire que j'ai rêvé…
C'est la Vie qui me l'a dit,
Aussi….

Chaque homme en ce monde

est né avec l'espérance en lui...

et si un jour il n'a plus rien,

il lui restera encore cet instinct

pour vivre et espérer...

BROUILLARD NOCTURNE

J'aurais dû te dire au moins un mot
Mais c'était tant, tant de sanglots...
Si un cœur sensible est un défaut
Il y fait parfois si beau...
J'aimais tant ta main sur la mienne
Maintenant elle écrit ma peine...
Dans le brouillard de tant de larmes
J'allais... sans cœur, sans âme...
Pourquoi la vie fait-elle si mal, dis ?
Où sont tous ces beaux moments ?
Je me souviens quand...
Coulent, les larmes torrents...
Mon cœur t'appelle tout le temps...
Alors je me suis réfugiée
Perdue, tremblante, sur cet oreiller...
Il est l'ombre de tes absences,
Et connaît ces très longs silences...
J'aurais dû te dire un mot
Mais la nuit cache les sanglots...
C'est un secret entre elle et moi
Pourtant elle ne me parle que de toi...

VERTIGE

Quel est ce vide étrange
Qu'on aime et qui dérange ?...
Quel est donc cet instant
Qu'on fuit, si attirant ?...
On cherche l'équilibre
Ou c'est la chute libre...
Plus un mot, plus un geste,
Et là, le cœur s'arrête
Le souffle est suspendu
Au-dessus de l'inconnu...
C'est l'immobile sentiment
Du vertigineux Présent....

Le temps a besoin de temps

pour construire

et comprendre...

...et quand on a compris,

on ne veut plus le prendre,

ni attendre !...

LE MONDE ?

Tu pars aux quatre coins du monde ?
Je croyais que la Terre était ronde !...

Quelques habits dans ta valise
Un passeport et un chapeau,
Des phrases, des mots, quelques devises,
Et des sourires, ce n'est jamais trop !

Exceptionnels paysages !
Ils ont gardé de ton passage
La discrétion de ton pas sage,
Les souvenirs n'ont pas de cage...

Ces hommes, ces frères, ces sœurs
Laissent des rires dans ton cœur...
Ces improbables sympathies
Voilà le charme de leur vie...

Qu'importe leurs us et traditions
Dans leur regard plein de raison
Tu as cru en leur passion
Le Monde ?... Une immense évasion...

… Si tu ramasses une pierre pour la jeter dans l'eau,

ne la regarde pas,

car tu lui trouveras une particularité,

et tu la garderas…

NE PAS OUVRIR …

Sur la boîte en carton
Il était griffonné
En lettres noires et penchées :
« Ne pas ouvrir »… Non…

Toute seule au grenier
Que pouvait-elle cacher
D'une telle importance
Qui ne fusse délivrance
A qui l'eût ouvert
Même de belle manière ?
L'instant fut délicat,
Je fis fi du défi
Et ouvris ledit-pli…

Quelle fut ma torpeur
En découvrant dedans
Ces trois mots s'inscrivant
Sur un ton affligeant !...
La stupeur laissant place
A la crainte fugace
Je jetai là mon dévolu…
Point de dépit, c'était voulu !
Je relus fort et haut
Comme il faut ces trois mots
« NE PAS OUVRIR »…

Allais-je obéir
Une nouvelle fois
Et refermer déjà
Le secret dormant là ?
Point nenni, je ne te dis
Ce que je fis !
Mais ce serait mal me connaître
De penser que je puisse battre en retraite !...

Tu crois connaître ton chemin,

et pourtant,

parfois,

tu t'arrêtes…

De l'eau… et je plonge…
En fluides ondulations
Glisse ma peau lisse…
Souple, je m'allonge…
Il n'y a pas d'artifice,
C'est l'air ou bien l'abysse
Et chaque respiration
Devient un caprice…
Le soleil, de ses rayons,
Traverse l'onde
En camaïeux de bleus
Presque gracieux…
Le silence prolonge
L'effort du mouvement…
Je nage dans ce songe
Devenant transparent…

...CONFIANCE...

Si l'on peut fermer les yeux
Et se laisser guider
Sans jamais chercher
Si le jour est la nuit
Si la nuit est le jour
Alors la confiance veut
Qu'on soit dans la vie
Comme on vit cet amour

ORAGE

J'aime l'orage
Qui gronde et rage
Comme ronronne un gros chat,
Il arrive en roulant
Ses aciers de velours bleus,
Ses gris, ses camaïeux…

J'aime les éclairs
Déchirant soudain l'air,
Surprise ou bien stupeur
Il irradie mon cœur,
C'est le glaive du ciel,
L'amour inconditionnel…

J'aime la pluie
Son joyeux clapotis,
Et je deviens ce géant
Sautant par-dessus les océans,
Les fleuves et rivières… et flaques d'eau !
Les rêves sont toujours beaux…

J'aime le bruit de l'orage,
Sa force sauvage,
Ses bourrasques pas sages,
Sans en être l'otage…
Ferme les yeux, il est là !...
Serre-moi dans tes bras…

Coule la rivière d'argent
Scintillant sur les galets
Trébuchant, roulant, filant
Dans un murmure d'eau glacée…

Coule la rivière d'or
Aussi brillante qu'un trésor,
Son sable lourd s'endort
Quand l'aurore vient éclore…

Coule la rivière de diamants
Enflammant le firmament,
Reflétant sagement
Les couleurs de tes sentiments…

La nuit est mon amie
Etoilée d'infini
Elle luit sous la pluie
Et nie tout ennui…
La nuit a banni
Tout bruit d'infamie ;
Elle dit que la vie
S'éveille à minuit
Que sa peine a bleui
Un songe évanoui
La nuit est ton amie
Sa clef des songes aussi…

Je suis cet animal
Instinctif et sauvage
Dont toute vie en cage
Me serait fatale...
J'écoute dans le vent
Chacun de tes mouvements
Et le silence parfois
Me parle de toi...
De jour, même de nuit,
Je te vois, te devine,
Dans ton ombre divine,
Je t'attends, sans bruit...
Regarde mes yeux d'or
Et pardonne encore
Ma griffe balancée
A qui t'aura blessé...
J'ai le cœur animal
Sauvage, royal... ton égal...

Dans ce monde inconnu,

Je me porte disparue,

Disparue…

Disparue… disparue… disparue…

DANS TES BRAS

Dis, si je te disais
Que j'ai peur de l'orage,
De la pluie qui fait rage,
De l'océan violent,
Des tourbillons, du vent,
Dis, tu saurais me cacher,
Tout au creux de tes bras ?

Si je tremblais de froid
Ne pouvais plus bouger,
Ni même plus parler,
Pourrais-tu m'enlacer
Et devenir l'été ?
Pourrais-tu m'attraper
Dans nos éclats de rire
M'étreindre pour devenir
Comme une éternité ?

Et si je te disais…
Le monde peut s'écrouler…
Je ne bougerai pas
Rien ne m'arrivera
La vie peut s'arrêter
Je serai protégée…
Si je me glissais là,
Bien blottie dans tes bras…

MAINTENANT...

Je ne veux pas comprendre
Le « Pourquoi du Comment »,
Mais juste aimer et prendre
Le présent de Ce moment...

DUEL

Il est un noble espoir
Qui brille dans le soir
A la lueur d'une bougie
Son histoire, elle transcrit...

Dès demain, à l'aurore,
Aura lieu dans le pré,
Un duel pour disgracier
Ou honorer son sort...

N'eut-il pas été loyal
De rendre ainsi justice
A cette gente en lice
Au sang si royal ?

De voir poindre le jour
Il a tourné le dos
L'honneur n'aura de beau
Que le poids de son Amour...

PAS

Un pas, puis un autre, droit devant
Tout droit devant soi, comme un robot… pourquoi ?...

Un pas rythmé, à gauche, à droite, comme un tango
Latino, paso doble… la vie est un cadeau

Mais faire un pas, un seul, sans toi
C'est reculer, tomber, et ne plus savoir se relever…

METAMORPH...OSE...

Si le geste ne s'impose
Dans le silence qui implose,
Il demeure bien des choses
Dans un regard qui ose
Et caresse une rose,
Couleur passion, parfum d'osmose...
La pudeur imagine en prose
Ce que la fougue propose
Et te métamorphose...
Alors l'instant devient grandiose...

L'ELEPHANT

Il marche comme un roi
Résolu et constant
D'un pas presque délicat
Il s'en va soulevant
Cette lourde poussière…
Il barrit, tellement fier !
Ce géant de tendresse
Déborde de sagesse…
Parfois il pleure encore
L'absence d'un proche,
On le croyait si fort…
Son cœur n'est pas de roche
Mais sa mémoire immense…
Il marche en cadence
Oubliant sa noblesse
Et ses belles défenses…
La colère de son cri
Dans la jungle s'évanouit…
L'intelligence est reine
La haine… une porcelaine !…
Ne vous y trompez pas,
L'éléphant est un Roi…

INVENTER

On peut tout imaginer
Tout fabriquer ou créer
On peut en rêver
Jusqu'à s'en imprégner
Jusqu'à sortir de l'inconnu
Dans la réalité nue...
A chacun de croire
Les mots de l'histoire...

SOLEIL

Où es-tu doux géant,
Magnifique titan
Par-dessus l'océan
Tel un disque brûlant...
Tu nais iridescent,
Vis, incandescent,
Et le soir tu descends
Insouciant des passants
Qui à pas de géant
Passent en pensant
A demain, impatients...
Toi, tu t'endors luminescent...
Où es-tu géant coruscant ?
Et ton feu irradiant
Danse... Confiance...
Demain sera la Chance...

Etre cette arme
Fatale qui te désarme
Et rester sous ton charme
... Petite larme...

Essere quest'arma
Fatale che ti disarma
E rimanere innamorati
...Piccola lacrima...

INACHEVE…

Comment dire ? Comment faire ?
A vouloir apprendre encore,
Je comprends que l'Univers
Est plus grand dans l'essor…
Les pourquoi sont résolus,
La vie est absolue.
Mais il serait disconvenu
De croire que j'ai tout vu…
Tout bouge et tout croît
Même dans l'instant, là…
Et reste inachevé…
Le néant vient œuvrer
En silence, ô combien,
Et pourtant il n'est rien…
Comment faire pour écrire
Sans se laisser anéantir ?
L'inachevé de l'avenir
Saura peut-être nous le dire…

PENSEE

Même si elle est indéchiffrable,
Doucement improbable,
Une pensée inépuisable
C'est une force inestimable...
Je me ferais rose des sables
Dans l'insomnie inavouable
De tes nuits indomptables...
Une pensée douce et inguérissable,
Coupable d'être si agréable,
Et merveilleusement insaisissable...

Imagine…

Si un poème pouvait être une goutte d'eau,

Alors je la laisserais tomber sur une partition de musique…

Il était une fois
Une histoire autrefois...
Elle attend dans le froid
Mais l'espoir est roi.
Cette fois, juste pour toi
Elle se lève, fait six pas
Et s'élance, un, deux, trois...
Le rêve n'a pas de loi
L'amour en est la soie...
Il était une fois,
Demain, une autre fois,
C'est la première fois...

Vous,
Laissez-moi aller
Par ces chemins de bruyère
Où les pins parasols
Laissent glisser la lumière
Jusque sur le sol
Attiédit de sommeil…
Vous,
Laissez-moi plonger
Dans l'onde de mes pensées
Et rêver qu'au fond
Il y aura un trésor
Qui vaut plus que de l'or
Et sa clef… est cachée…
Vous
Laissez-moi grimper
Sur les flancs des montagnes
Enlacer joie et peur
Histoire de défier
Le moteur de mon cœur
Quand j'aime, je gagne !...
Vous,
Laissez-moi construire
L'espoir de ma Vie
Il est tout petit
Mais j'ai besoin de lui
Vous,
Pas vous, … pas toi,… eux !

Je suis comme cet enfant
Qui se réveille en pleurant
Et qui cherche dans le noir
La Lumière de son espoir...

SOURIRE

Pour un sourire
Je me ferais petit oiseau
Perché dans un bouquet
De fleurs des champs bleutées
Et je chanterais faux !...

Pour un sourire
J'écrirais sur la lune
La chatouillant de ma plume,
Enverrais des étoiles filantes
Incroyablement lentes !...

Je me déguiserais en jouet
Attendrissant à souhait,
Ferais des pirouettes,
Saltimbanque et poète,
J'inventerais un paradis
Serti de clowneries
Simplement… pour entendre ton rire…

...DELICATESSE...

A mettre son cœur dans les mots, on change de forme...

Elle devient celle dont celui qui en a besoin, lui donne...

Puisque c'est la forme de ta gentillesse,

L'arc-en-ciel n'aura pas assez de couleurs pour cette délicatesse...

J'ai cueilli des fleurs
Des rires et des pleurs
Puis fait un gros bouquet
Il a fané, je l'ai refait…

J'ai gravi des chemins
Sur les genoux et les mains
De chutes en cascades
L'espoir pour escalade…

J'ai traversé des océans
De rêves et de tourments
Le corail n'a pas blessé
Une once de ma volonté…

J'ai écrit des poèmes
Et froissé tant de schèmes
Mais je devine le diadème
Des mots que tu aimes…

Apprivoiser la force sauvage,

Sans aucune brutalité,
Sans aucune condition,
Sans entraver aucune liberté...

Juste en échange de complicité,

Un bonheur tout simplement...

L'HOMME LIBRE

Qui croyez-vous qu'il soit ?
Comme lui, il porte votre croix
Sur son dos fatigué du poids
De tant de bassesses et de stupidités.
Bien avant vous, et sans vous
Il avait décidé du chemin
Qu'il allait suivre jusqu'au bout,
A coup de ruses et sans les poings…
Tant pis pour vos montagnes de cailloux
Même l'or ne le rend pas jaloux…

Ne cherchez pas à l'arrêter :
Il n'y a pas plus fou qu'un homme libre
Qui a confiance en ses idées
Et si vous restez devant sa cible
Le destin n'aura pas le temps de vous épargner…
N'essayez pas de le défier
Son seul défi, c'est sa vérité,
Et si vous veniez à mendier
Il vous dirait de vous lever…
Enfin vous verrez ce jour là
Comme un homme peut renaître
Après tant et tant de combats,
Et sa victoire ainsi paraître.

Il connait le sens de la vie
Et de l'amour aussi.
Il connait le poids de sa loi
Et c'est en silence qu'il va… toujours tout droit…

Du bout des doigts

on dessine le chemin parcouru,

alors la lumière du cœur

illumine chacun de nos pas...

PORTRAIT

J'ai peint des paysages épiques
Aux mélodies ethniques,
Des balafons pacifiques
Aux couleurs atypiques…

Mais tu n'as pas aimé…

J'ai peint cette île aux trésors
Des bateaux aux flancs remplis d'or,
Des dragons et des dinosaures
Et même l'âme de mon mentor…

Mais tu n'as pas aimé…

J'ai peint des fleurs et des oiseaux
Vus par Monet ou Picasso
J'ai peint sans toile ni pinceau
Posant les couleurs sur ta peau…

Mais tu n'as pas aimé…

J'ai peint ma vie en aquarelle
Un camaïeu tendre dans les yeux,
Tout l'invisible qui rend heureux
C'est mon portrait confidentiel

Tu aimes ?...

Les hommes ont créé des ronds, puis des cercles, des sphères...

Ils ont fait des carrés, puis des cubes, des triangles, des rectangles, et des tas de figures...

Mais ils ont oublié que le plus beau, le plus transcendant des sentiments, est simplement l'Amour, et ne peut être contenu dans aucun de ces éléments...

Il est en nous, dans le cœur, les yeux, les mots, et merveilleusement indomptable !!...

Laisse-moi
T'apporter la lumière
Quand il fait sombre dans ta vie,
Colorer ce souvenir d'hier
Pour qu'encore tu ries !...

... Laisse-moi
Dévaster en douceur
La tendresse de ton cœur,
Reposer en apesanteur
Sur des plages de bonheur...

... Laisse-moi
Imaginer ton nom dans ma main
Tatoué comme un signe divin
Et tu la prendrais encore une fois
Encore... Tu crois ?
... Ne me laisse-pas...

...

... Fermons nos livres pour aujourd'hui
Bientôt arrivera la nuit...
Dans les draps de notre sommeil
Laissons dormir pour quelques heures
Les petits rêves du bonheur...
A demain, sur cette page... ou ailleurs...

POUR ETRE HEUREUX

Il faut si peu pour être heureux
Il faut dire « Nous » et être deux.
Il y a des gens qui se construisent
Un paradis dans un enfer
Et il y a ceux qui se détruisent
Pour en mieux connaître les fers.
Si on pensait un peu à nous
Juste le temps de leurs dire ... « vous »...
Si on prenait ce chemin là
Il nous mènera où il voudra
Il faut si peu pour être heureux
Quand on a rien, on leurs en veut.
Ni la rancune, ni la colère
Ne te redonneront Hier
La pluie ne m'a jamais mouillée
Quand on est deux, c'est beau l'été !
Il faut si peu pour être heureux,
Juste pour être heureux...

ACCEPTER

ne relève pas de la Fatalité

mais de la détermination

à vouloir se battre...

ECRIS AU CLAIR DE LUNE

Sur cette page, écris en Vert
La transparence de la rivière
Qui chante entre les grands pins
La mousse murmure son refrain

Sur cette page, écris en Or
Ce grand silence qui s'endort
Ses pépites brillent au soleil
Et dans la nuit, ses étoiles veillent

Sur cette page, écris en Bleu
Turquoise et Saphir de tes yeux
La mélodie qui rend heureux
Les oiseaux jouant dans les cieux

Sur cette page, écris en Blanc
L'éclat de rire, ce diamant
Sur cette page, n'écris Rien
Au clair de lune… Demain…

Il pleut sur la plage
La mer est en rage
Rouleaux et nuages
Roulent dans l'orage…

Elle pleure sur la plage
Son cœur est l'otage
D'une promesse sage
La mer est son message…

Il se peut, sur la plage
Qu'en guise de gage
Tanguent les adages
De vagues à l'âme sauvage…

Je n'ai pas de bagage
Que la vie à porter
Juste un nom, pas un âge
Et le ciel pour rêver…
D'où je viens
Il n'y a rien,
Où j'irai….
Qui le sait ?...
Je n'ai pas de valise :
C'est la Vie, ma devise…

C'EST LE PIED !

Avance un pied devant toi
Et fais un pas bien droit...
Regarde l'autre arriver
Le dépasser pour être le premier !
Cours ! Il va accélérer
Se faire doubler, puis redoubler !
Penses-tu te prélasser
Dans le jardin si frais
Avec, en éventail, les doigts de pied ?
Un papillon viendra les chatouiller !
Au pied nu, fais un pied de nez
Et danse pour la liberté !...

COMPRENDRE

Il est facile de comprendre les mots, les phrases, les livres…

Lorsque chaque mot est à sa place, accompagné d'une belle ponctuation, lorsque les sujets et les verbes correspondent aux temps justes… mais il reste au lecteur d'apprécier, ou pas, de comprendre, ou pas… et qu'y a-t-il de compréhensible… ou pas ?

Comprendre ne veut pas dire être d'accord… on s'accorde des plages de compréhension, on fait la démarche d'aller vers une révélation, on va au-devant pour connaître, mais ce n'est pas pour autant que l'on acquiesce…

Mais refuser de comprendre, c'est anticiper ce qui est déjà compris pour le rejeter immédiatement, c'est obstruer sa vision, refuser de se grandir, fermer son cœur à toute forme de partage et de tolérance, c'est ne plus avancer, refuser d'évoluer…
…et là, on entend le claquement d'un livre qui se referme !…

Le mien reste ouvert…

Les souvenirs s'accrochent à nos vies

comme des tableaux dans une galerie...

« Attention aux courants d'air », Monsieur Alzheimer !...

... Fermez les portes !...

Pas un mot de colère,
De révolte, de chagrin,
Pas un pas de travers
Mais un, droit, sur mon chemin,
Pas une larme de douleur…
Elle m'a tuée hier, ailleurs,…
Les vilains souvenirs
S'effacent sous les sourires…
La cage s'ouvre enfin…
Il faudra être patient…
Le soleil est troublant,
Présent, éblouissant,
J'ose à peine marcher
Lever les yeux, m'aventurer
Mais sans me retourner
Je cours vers toi, la vie, la vraie…

Apprivoiser la force sauvage,

Sans aucune brutalité,
Sans aucune condition,
Sans entraver aucune liberté…

Juste en échange de complicité,

Un bonheur tout simplement…

HIVER

Le ciel gris et froid
Se transperce de cris :
Les oiseaux s'enfuient
Pour se cacher dans les bois...
L'hiver se fait glace
Sculptant des rosaces
Sur l'eau du grand lac
Aux reflets opaques.
Le vent s'élevant
Hurle si émouvant
Le chant si distant
D'un hier si vivant...
Je tremble dans le froid,
Dans l'absence d'un toi,
Le feu de l'espoir
Brûle une histoire...

LA FORCE

La force... elle nait en chacun de nous...
Elle ne peut que grandir si nous lui en donnons la place
Nous invite, modeste audace,
A conquérir le monde... mais par-dessus tout
Si je l'oubliais ou en doutais un instant
Dis-moi que tu serais toujours là... forcément ...

Derrière son chevalet, l'artiste a déposé des couleurs sur sa palette, et les a touchées du bout de ses pinceaux… elle était assise là…

« J'avais mis cette robe si jolie
Couleur lapis lazuli,
Une dentelle céladon
Légère comme un papillon,
Serré ma taille presque trop fine
D'un voile cyan et marine…
Au bronze vert de mes yeux
J'ai mis le doré de ce feu…
Mais quand je me suis levée
Les couleurs s'étaient envolées…
Apparue l'impossible couleur
Simple et nue… du bonheur… »

Il est une fontaine
Tout près d'une clairière
Où l'eau coule si claire
Que le soleil s'y baigne.
Sa fraîcheur te saisit
Et te fait rire aussi...
Dans le creux de tes mains
Tu bois son doux refrain...

Plus rien n'a d'importance
Juste le bruit de l'absence,
Un rêve plein de silence,
Une bulle d'existence...
Il est une fontaine
Où l'eau, j'en suis certaine,
Murmure des histoires
Aux reflets de l'espoir.

Ce qui est impossible

Ne peut être écrit, ni dit, ni même pensé, peut-être à peine rêvé...
A quoi sert de rêver de choses seulement possibles ?...
Donc l'impossible existe !...

... et tout devient possible... !

SE TAIRE

Pour se taire,
Le silence doit être apprivoisé,
Compté, dominé, enchainé,
Mais ne peut être exterminé...

Pour se taire,
Il faut briser les mots,
Les chansons, les dialectes, les animaux,
Mais toujours murmure le bruit de l'eau...

Pour se taire,
Il faut tuer le temps,
Les vents, les océans et ce sang
Coulant dans les veines sagement...

Pour se taire,
Certains leurs font la guerre,
D'autres, sans rien faire,
Se tournent vers la lumière
Respectueusement, les pieds sur leur Terre...

TRESOR...

Le temps est acteur de toute vie...
Gigantesque, invisible, infime...
Il prend, surprend, jette dans l'abîme
Il assemble, divise, se souvient, oublie...
Sans le temps nous ne sommes pas...
Exister un peu ? Passionnément ?
Intensément ! Indéfiniment !
Mais « Pas du tout » n'existe pas...
Le néant n'a plus le temps !
L'amour, la vie... C'est maintenant...

L'attente se forge chaque jour entre le feu de la volonté et le fer de l'espoir…

Faut-il choisir entre le souffle qui anime la flamme ou l'eau qui apaise l'incandescence du fer…

Et l'un ne va pas sans l'autre…

LE BATEAU

Le bateau quitte le port
Grinçant de tout son bois
Et il file tout droit
Sur la mer sans effort
Sur les vagues sans effroi
Traçant des estafilades
Entre les belles Cyclades
Il ondule mais ne se bat
Mettant cap vers demain
Et le vent tombe enfin
Sa lourde ancre s'accroche
Au grès de quelques roches
Son cœur est chaviré
Mais son âme apaisée
Tant de nœuds dans sa vie
Se noieront dans l'oubli
Le bateau rentre au port
Le soleil par bâbord
Le bonheur par tribord
Et mon cœur bat très fort…

Elle marchait…

Comme si le soleil à ses pieds
Posait des ombres apprivoisées
Sur ces chemins désertés
Elle courait…
Parce que le soleil brûlait
Le désert de sable doré
Où s'enfonçaient ses pieds
Elle sautait…
Puisque l'eau était glacée
Sur tout son corps coulait
Cristalline, la rivière riait
Elle s'asseyait
Comme si le temps s'arrêtait
Tandis que se balançaient
Dans le vide ses pieds…
La vie l'attendait…

BALLADE MATINALE

Par une balade matinale
Aux lueurs très pales
La nature florale
Irise de ses pétales
La rosée et s'y installe
Les parfums sont le festival
D'un sentiment initial…

Quoi de plus magistral
Que ce règne animal
Respectueux et loyal,
Parfois cruel, presque fatal ?

De ces lois ancestrales
Ses paroles musicales
Résonnent, idéales…
Le fragile cristal
De cette vie originale
N'aura jamais d'égal
Dans l'air matinal…

Perdre…
C'est un vide, une absence
Le poids lourd du silence
Ce cri sans fin qui danse
Dans le désert immense…

Gagner,
C'est la rage sans colère
D'une force guerrière
Pour me tenir droite et fière
Devant toi… la vie est dans l'air…

APRES...

A l'aube du grand voyage
Elle a tourné la dernière page,
Fermé le livre, d'un soupir...
Jamais ne s'effacera ce sourire
Quand la douceur de son âme
Viendra sécher cette larme
Sur ta joue... Elle est là...
Son sourire, jamais ne te quittera...

© 2017, Montigny, Lydia
Edition : Books on Demand,
12/14 Rond-Point des Champs-Elysées, 75008 Paris
Impression : BoD - Books on Demand Norderstedt, Allemagne
ISBN : 9782322081554
Dépôt légal : août 2017